Lb 582.

NOUVELLE ET VÉRITABLE COMPLAINTE

EN FORME DE REQUÊTE,

ADRESSÉE PAR LE SIEUR

BONIFACE PIGEON,

EX-CAPORAL
DE L'EX-GARDE NATIONALE,

A Son Excellence Monseigneur le Ministre de l'intérieur,

A celle fin de savoir pourquoi il a été destitué, le 29 avril dernier, avec plus de vingt mille de ses camarades.

Enrichi de musique et de notes curieuses.

PARIS,
CHEZ LES LIBRAIRES DU PALAIS-ROYAL.

1827.

※

IMPRIMERIE DE GUIRAUDET,
RUE ST.-HONORÉ, N° 315.

PRÉFACE
INSTRUCTIVE.

Je m'appelle Boniface Pigeon; mon père s'appellait Nicodême Pigeon; mon grand père encore était un Pigeon. Enfin de père en fils nous avons été toujours Pigeons dans notre famille. Jugez d'après cela avec quelle indignation j'ai dû apprendre qu'il circulait dans le public une complainte, portant mon nom et traitant des événements dont la garde nationale vient d'être le théâtre (1).

(1) Que de hardiesse et de romantisme dans cette expression! La garde nationale vient d'être le théâtre!! Les gardes nationaux, par conséquent, étaient les ac-

Si la complainte eut été bonne, il n'y eut eu que demi mal, et j'aurais pu, sans grands frais d'imagination, passer dans le quartier pour un aigle. Mais il faut que vous sachiez que cette complainte, qui porte mon nom, ne vaut pas le diable. Elle est accompagnée de notes d'un certain Ramier, qui s'intitule mon neveu. Pigeon et Ramier, sentez-vous le misérable jeu de mots? Je n'ai jamais eu de frères, et mes deux sœurs Félicité-Aurore Pigeon, et Gertrude-Jacqueline Pigeon ne se sont jamais mariées; par conséquent elles n'ont jamais eu d'enfants, attendu qu'elles sont de

teurs, et c'étaient *les ministres* qu'on jouait. *Encore un fameux!* Mais il n'est pas nouveau.

modèles de vertus depuis soixante-neuf et soixante-douze ans qu'elles sont au monde. Reste donc (à l'exception de moi) mon petit Eustache; mais Eustache, qui dans le collége où il va à l'école, a déjà appris plus de latin que n'en possédent notre curé et dix de ses collègues, Eustache ne sait pas pas encore un mot de français, et par conséquent il est hors d'état de faire, dans cette langue, une complainte même mauvaise. C'est donc évidemment mon nom qu'on a usurpé, bien que le prénom de Boniface ne s'y trouve pas; mais ma double qualité de marchand de bas et de caporal qui le suivent, est à mon avis plus que suffisant pour établir mon identité. Donc je dois avoir action contre l'auteur, l'imprimeur, le relieur et le brocheur, du méchant petit livre, et je suis en droit d'exiger d'eux des dommages et intérêts, ce que je me propose de faire par devant la sixième chambre de police correctionnelle, et cela dès demain matin, si Dieu me prête vie, afin d'obtenir par là une petite somme rondelette, qui, jointe à celle que me procurera la vente de mon chef-d'œuvre, me permette de boire avec mes amis à la prochaine résurrection de la garde-nationale, et à la santé du Roi!

Mais *l'attrape minette* n'est pas toute dans l'usurpation de mes noms, titres et qualités. Figurez-vous messieurs et dames, qui croyez acheter chat en poche, que le livre qu'on vous vend ne renferme pas un mot sur ce fameux licenciement qui occupe aujourd'hui tous les esprits, et qu'il a été composé plus de quatre heures avant la revue.

Maintenant que j'ai mis tout en œuvre pour déprécier la marchandise du voisin, permettez-moi, messieurs et dames, de *faire un peu l'article*, pour ce qui concerne la mienne. Ma complainte est la meilleure, sans contredit, de toutes celles qui ont été exposées en vente. Tous les vers, à quelques exceptions près, en sont d'égale mesure, le papier en est fin, l'impression soignée, et cela est établi au prix le plus bas qu'il soit en vérité possible de demander. Il n'y a pas en conscience de l'eau à boire; mais l'honneur de vous servir, et le plaisir de vous compter parmi leurs pratiques, l'emportent.

chez Pigeon et chez son libraire sur toutes ces vaines considérations de lucre qui n'agitent que les âmes vulgaires. Achetez donc, messieurs et dames, achetez même en abondance, et pour vous et pour vos amis, attendu, comme l'a fort bien dit un de mes spirituels confrères, que les amis vous empruntent les exemplaires et ne vous les rendent pas. (1)

(1) Ce spirituel confrère est l'auteur de la *grande et véritable complainte sur la maladie et la mort de la loi de justice et d'amour*, fort jolie pièce, ma foi, et qui, modestie à part, vaut presque autant que la mienne. Demandez plutôt au libraire qui est l'éditeur de l'une et de l'autre. (*Note de complaisance.*)

Notez benets! L'air que nous avons pris la peine de faire graver, et qui se trouve au bout du petit livre, n'est pas nouveau, c'est possible; mais, ce qui prouve incontestablement sa supériorité, c'est qu'on ne fait jamais de complaintes sur d'autres airs..... Parole d'honneur.

NOUVELLE ET VÉRITABLE

COMPLAINTE

DU SIEUR

BONIFACE PIGEON.

I.

Vous qui êtes le ministre (1)
Qui dirige l'intérieur,
Daignerez-vous, Monseigneur,
D'un air doux et point sinistre,

(1) Le mercier du coin prétend qu'on ne peut pas dire *qui êtes*, parce que c'est un I atus. Moi je soutiens que je puis fort bien le dire parce que je ne connais, ainsi que tous les braves gens, que deux sortes d'I, l'I français et l'I grec que nous aimons presque autant.

Lire avec attention
Ma belle pétition (1).

II.

La garde nationale,
Quatrième légion,
Dès l'organisation,
M'avait reçu caporale (2).
Et morbleu! il fallait voir (3).
Comme on faisait son devoir.

(1) Par le temps qui court, il n'y a que les sots qui soient modestes; or je ne le suis pas, donc...., et parbleu! c'est entendu.

(2) C'est enragé de mercier voulait que j'écrivisse *caporal* et non *caporale*, parce que le mot, disait-il, est masculin. C'est comme s'il me soutenait qu'on dit *scandal* et non *scandale*.

(3) *Morbleu! il fallait voir!* Encore un hiatus, dit le mercier. Je le laisse dire, et dorénavant je ne les signalerai plus, parce que j'aurais trop affaire.

III.

Ma belle bufféterie
Etait bien passée au lait.
Un grand panache flottait
Sur ma figure aguerrie (1);
Et, sauf ma pierre de bois,
J'étais un soldat grivois.

IV.

L'enterrement de la presse
Me fit un fameux plaisir,
Et je sus me réjouir
Sans petards, je le confesse (2),
Vu que de tout temps j'ai eu
Peu de penchant pour le feu.

(1) *Ma figure aguerrie.* O harmonie !
(2) C'est-a-dire je l'avoue, j'en conviens, j'en demeure d'accord, je le confesse ! que de naïveté et de charme dans cette expression !

V.

Mais partout on illumine,
Avant l'ordre du préfet (1);
Bientôt un petard me fait
Une écorchure à la mine,
Et mes voisins, Dieu merci,
En eurent leur part aussi (2).

VI.

Quand on parla de revue,
Comme mon cœur palpitait,

(1) Tout le monde se rappelle que l'ordre de M. le préfet arriva tout juste quand il n'en était plus besoin. La lassitude avait endormi tous les tireurs de petard. (Matériaux pour l'histoire du 19ᵉ siècle.)

(2) Plusieurs individus de tout sexe ont été atteints, dit l'Etoile, ainsi que plusieurs jeunes demoiselles et un nombre conséquent de gendarmes.

Je disais, tout satisfait,
A ma femme toute émue,
Tu pourras, sans t'exposer,
Venir me voir défiler (1).

VII.

Mais samedi, quel dommage !
Dans tous les journaux on voit
Qu'au Champ-de-Mars on prévoit
Qu'il y aura du tapage.
Ma femme me dit tout bas :
Mon ange, tu n'iras pas (2).

(1) La rime n'est pas riche, j'en conviens ; mais croit-on, par exemple, avoir pour la bagatelle de 30 c. une collection de rimes à la Racine ou seulement à la Voltaire. Ils ne sont pas dégoûtés les amis !

(2) Ma femme est peut-être la femme la plus prudente de tout Paris. Jamais je n'ai été de garde qu'elle ne se soit bar-

VIII.

Tu as raison, Pétronille,
Dis-je d'un ton amical;
Trop de courage est un mal
Dans un père de famille (1);
J'irais, pour n'avoir pas tort,
Monter à l'état-major (2).

ricadée intérieurement, souvent même, par surcroit de prudence, elle a fait coucher à la maison, durant mon absence, mon cousin l'ancien capitaine, ou tout autre. Quelle femme!!!

(1) Un père de famille, établi et marié, doit avoir de la prudence avant tout. C'est connu.

(2) A l'Etat-Major, c'est rue du Mont-Blanc, où il y avait autrefois deux factionnaires nationaux devant la porte, et où l'on trouve maintenant visage de bois, attendu que le bourgeois est indisposé.

IX.

Tandis que la troupe file,
Dans le corps-de-garde, moi,
A crier *vive le Roi!*
Tout le jour je m'égasille (1),
Ne songeant pas, Monseigneur,
A aucune autre clameur (2).

X.

Ce n'est pas que les ministres
Me semblent tous bons ici,
Et que je ne blâme aussi
Leurs projets vraiment sinistres.
Mais je ne sais trop pourquoi,
Sur eux je suis resté coi (3).

(1) Rime plus que suffisante pour ceux qui ont du goût.
(2) Harmonie imitative comme diraient les latins.
(3) Ni moi non plus.

XII.

Qnand la revue est finie,
Je vois revenir chasseurs,
Grenadiers, tambours, sapeurs, (1)
Leur joie était infinie,
Chacun était enchanté
D'avoir vu sa majesté.

XII.

Au milieu de notre garde
Il avait paru joyeux,
L'espoir brillait dans ses yeux.
Il semblait peu prendre garde
A plus d'un vigoureux trait
Qu'aux ministres on lançait.

(1) Quelle description admirable ! O Homère! O Virgile! O le Tasse! O Voltaire! pendez-vous dans l'autre monde.

XIII.

Par cette bonne nouvelle
Le corps de garde séduit,
Jusque par delà minuit
Chante le Roi de plus belle
Et vide trente flacons (1)
A la santé des Bourbons.

XIV.

Nous dormions près de nos armes,
Quand soudain, au point du jour,
Un officier, un tambour,
Et quatorze bons gendarmes,

(1) Trente est ici pour le vers. Peut-être a-t-on bu plus, peut-être a-t-on bu moins. La mémoire de l'auteur est ici en défaut. Quand il s'énivre, il ne compte jamais.

Viennent nous dire, messieurs,
Veuillez bien vider ces lieux. (1)

XV.

Gendarmes, elle est trop forée
Cette bonne farce là;
Croyez-vous comme cela
Pouvoir nous mettre à la porte?
Montrez-nous auparavant
L'ordre du gouvernement. (2)

(1) On a prétendu que les gendarme avaient un peu manqué de politesse dans cette occasion. ч'est une fausseté. Il y a eu réciprocité d'égards, parole d'honneur.

(2) Je ne suis pas bien sûr que ce soit exactement là la réponse des gardes-nationaux, ni qu'ils aient parlé en vers aux gendarmes; mais qu'importe! La poésie ne vit-elle pas de fictions?

XVI.

Alors, de sa poche usée
Il retire un grand journal,
Où je lis tant bien que mal
La garde est licenciée,
Puis votre nom monseigneur.
Qui signe cette rigueur. (1)

XVII.

A cela plus rien à dire,
Chacun a fait son paquet ;
Moi, quoique peu satisfait,
Ja me dis tout bas sans rire,

( ) Les compositeurs du grave Moniteur étaient couchés quand arriva à son imprimerie l'ordonnance signée *Corbière*. On les fait lever de force pour imprimer cette pièce, et on mit de côté un bel article tout prêt en l'honneur de la garde-nationale.

Adieu donc, mon cher habit
Qu'hier j'obtins à crédit. (1)

XVIII.

Beaucoup les mettent à vendre,
Mais moi j'enverrai le mien
A ce grand peuple chrétien
Qui meurt, au lieu de se rendre. (2)
Je n'ai pourtant, sur ma foi,
Crié que vive le Roi.

(1) Et l'auteur n'est pas le seul. Tous les uniformes exposés chez les frippiers ons été enlevés samedi et dimanche. On ne regardait pas au prix.

(2) Plusieurs gardes-nationaux ont remis leurs uniformes au comité grec, avec prière de les adresser aux courageux Hellènes. Le don de la fidélité malheureuse leur portera bonheur.

XIX.

Faut-il céder aux Jésuites? (1)
Ont-ils mis là leur long nez?
Sommes-nous désarçonnés
Par leurs brigades maudites?
Par eux, adjudants, tambours,
Sont-ils battus pour toujours?

XX.

Non! Cela n'est pas possible,
N'est-il pas vrai, Monseigneur (2)?

(1) On a cru voir la patte sanglante des Jésuites dans la mesure du licencement de cette belle garde-nationale, qui avait rendu tant de service à la monarchie. Le noir troupeau d'Ignace ne se reposera que lorsqu'il aura flétri tout ce qu'il y a de grand et de généreux en France.

(2) A qui le demandez-vous, mon enfant?

Et ce troupeau corrupteur
N'est pas encore si visible ; (1)
D'Henri IV les enfants
Ne sont pas ses partisans. (2)

XXI.

Crier à bas les ministres,
Oui j'en conviens, Monseigneur,
Ce n'est pas un cri flatteur
Pour ceux qui sont sur la liste, (3)

(1) Il y en a d'autres qui disent que si ; Monseigneur d'Hermopolis, par exemple, qui, quoiqu'il ne fasse pas partie du régiment, a pourtant de fameux renseignements sur leur personnel et leurs exercices.

(2) Les Jésuites ont assassiné Henri IV par l'entremise d'un sieur Ravaillac, à qui ils avaient fait présent d'un grand couteau avec un petit cœur dessus.

(3) On dit que *liste* et *ministre* ne riment point ; mais est-il rien qui riment chez ces gens-là.

Et cela n'est pas poli
Pour un Français accompli.

XXII.

Enfin, quoiqu'on puisse dire,
Il est certain, je le croi,
Qu'au cri de vive le Roi !
Il n'y a rien à redire,
Pourquoi donc a-t-on puni
Ceux qui n'ont crié qu'ainsi ?

XXIII.

Aussi M. Doudeauville (1)
Dans son indignation

---

(1) L'ancien ministre de la maison du roi, lequel est aussi le père de M. Sostin ou Sostènes, l'ancien directeur des beaux arts, c'est-à-dire du grand opéra, rue Lepelletier, à main droite en venant du boulevard des Italiens.

Prend-il sa démission,
Avec Chabrol, de la Ville (1)
Et son frère le marin, (2)
Et Sostin (3), bon citoyen.

XXIV.

Envain dans son éloquence
Le journal de Paris dit
Que ce funeste interdit
Est un grand bien pour la France,
Le service étant sciant
Pour tout bon négociant.

(1) C'est-à-dire qui demeure à l'hôtel de ville, et cela parce qu'il est préfet de la Seine, honnête homme ma foi! Franc Auvergnat, qui est de la partie de MM. de Pradt et Montlosier.

(2) Le ministre de la marine. Relisez la note du préfet de la Seine depuis ces mots . *honnête homme.*

(3) M. Sostin ou Sostènes, le **M.** Doudauville. Relisez la note de son père.

XV.

Ce journal est une bête
Qui radote, selon moi;
Quand il faut servir le Roi
Rien, morbleu ne nous arrête,
Mais nos ministres, ma foi,
S'aiment bien plus que le Roi.

XXVI.

Ordonnez-donc une enquête
Qui me déclare innocent (1).
Laissez-moi mon fourniment (2),
Mon fusil, ma baionnette,

(1) Il est bon, là, M. Pigeon!
(2) Il est juste! On trouve dans les deux derniers vers du 18e couplet le motif sur lequel M. Pigeon appuie sa de-

Et que je sois survivant
A mon défunt régiment.

XVII ET DERNIER.

Pour remplacer la milice,
Que vous mettez hors la loi;
Au palais de notre Roi,
Seul, je ferai le service (1) :
Ça vous va-t-il? Oui ou non (2) ?

mande. Mais tant d'autres sont dans le même cas que lui!

(1) Le zèle de l'auteur ne connaît pas de bornes. Seul il veut remplacer les vingt mille garde-nationaux licenciés. Quel homme! quel tête!

(1) Ce vers est palpitant d'énergie. Il n'y a pas jusqu'au heurt *oui ou* qui n'exprime une haute pensée et ne peigne un beau sentiment. O monsieur Boniface Pigeon! quel homme vous êtes !

Répondez-moi sans façon (3).

En attendant, j'ai l'honneur d'être,

De votre Excellence,

Le très humble
et très obéissant serviteur,

BONIFACE PIGEON.

(1) C'est cela. Vous croyez donc que Son Excellence n'a rien à faire qu'à dormir et à vous écrire ? Va-t-en voir s'ils viennent Jean.

DE L'IMPRIMERIE DE GUIRAUDET,
Rue Saint-Honoré, n° 315.

Air de la fameuse Complainte, notée en notes de musique, avec une ritournelle sur le violon:

PAR UN AVEUGLE, AMI DE L'AUTEUR.

N. B. Une voix d'homme nazillarde, une voix de femme glapissante et un violon, tous à l'unisson, produiront l'effet le plus satisfaisant qu'on puisse attendre du style lyrique des carrefours

OUVRAGES

CHEZ LES MÊMES LIBRAIRES.

Oraison funèbre de cette malheureuse loi de Justice et d'amour, sœur de l'infortunée loi d'aînesse, décédée à Paris le 17 avril 1827.   30 cent.

Grande et véritable complainte, en musique, de la loi de Justice et d'amour, par un Chiffonnier troubadour de la place Maubert.   30 cent.

Véritable médecine sans médecin, ou Science médicale mise à la portée de toutes les classes de la société, d'après les plus savants et les plus célèbres médecins, par Morel de Rubempré, docteur médecin, 1 fort vol. in-12,   7 fr.

Nouveau conducteur, ou Guide de l'étranger aux environs de Paris, indiquant toutes les curiosités, monuments, jours et heures de départ des voitures publiques, un fort vol. in-18 avec six vues et une carte. Prix : 4 fr.

Véritable Relation du Convoi, Service et enterrement de feu la loi de justice et d'amour, rédigée par sa Garde-Malade, et publiées Croque-Mort.

www.ingramcontent.com/pod-product-compliance
Lightning Source LLC
Chambersburg PA
CBHW060605050426
42451CB00011B/2092